L'algoritmo della felicità
Amicizia, corteggiamento e amore
al tempo dei social network
di Pier Luigi Avolio e Francesca Sempre
ISBN 9788864387871
Collana ZONA Contemporanea

Via Massimo D'Azeglio 1/15, 16149 Genova
Telefono 338.7676020
Email: info@editricezona.it
Web site: www.zonacontemporanea.it
www.editricezona.it

Progetto grafico: Serafina - serafina.serafina@alice.it
Stampa: Digital Team - Fano (PU)
Finito di stampare nel mese di ottobre 2018

Pier Luigi Avolio
Francesca Sempre

L'ALGORITMO DELLA FELICITÀ
Amicizia, corteggiamento e amore al tempo dei social network

ZONA
Contemporanea

Chi siamo e perché siamo qui

Francesca Sempre, *influencer* e organizzatrice di eventi, ha fondato la pagina ufficiale Facebook "Single Toscana Eventi" e conduce un programma radiofonico per un'emittente toscana.

Pier Luigi Avolio, psicologo e scrittore, un giorno viene invitato da Francesca come ospite della sua trasmissione, per dare un contributo da professionista sul tema "corteggiamento e social network".

Vengono fuori storie di persone impacciate, divertenti, fastidiose, imbarazzanti, che si lamentano della vita, che girano sempre intorno agli stessi problemi come un criceto nella ruota, senza mai cambiare qualcosa. Pier Luigi – per fare una battuta! – propone a Francesca di scrivere qualcosa insieme, e così è nato questo libro. Dove c'è l'avatar di Francesca, è lei che parla e racconta. Dove c'è l'avatar di Pier Luigi, è lui a entrare nelle storie e nei comportamenti. Lo schema, anche grafico, è simile a quello di una chat.

Accanto all'icona a sinistra leggerete stralci di "conversazioni" da Facebook, i cui contenuti sono rivelatori o indicativi dei limiti che affliggono le nostre relazioni.
I partecipanti sono distinti per genere (F=femminile / M=maschile), l'ortografia non è stata corretta, volutamente.

Io e gli altri

Dopo il matrimonio ho avuto una relazione con un uomo geloso, un ossessivo-compulsivo che m'isolò da tutti. Geloso di un *like* su Facebook e di troppe altre cose. Ma ero innamorata e non volevo vedere; come una calamita ero attratta da lui e, con il tempo, la sua gelosia diventò veramente eccessiva.

Per un periodo lavorai in un agriturismo: un giorno pensai che avrei potuto organizzare una cena di sabato sera e creare un evento su Facebook, per curiosità, per vedere che impatto avrebbe avuto. Chiamai l'evento "Cena Facebook, prima puntata". Arrivarono quasi ottanta persone, non mi sarei mai aspettata una risposta del genere. Il mio uomo era gelosissimo, ma sentivo forte il bisogno di ritornare in pista, volevo scherzare, ridere e giocare di nuovo, in definitiva volevo tornare a sentirmi viva.

Quale socialità?

Fortuna volle che un giorno trovai il mio uomo gelosissimo con un'altra donna, un'altra vittima, e questo mi riaprì la porta della libertà. Come tutte le persone con un matrimonio finito alle spalle, iniziai a frequentare persone divorziate a loro volta o con storie importanti finite da poco. Mi ritrovai con donne che parlavano di lavatrici, unghie, vestiti, parrucchiere, *extension* – e male degli ex mariti; percepii chiaramente che quello non era il mio ambiente. Cercavo persone con cui potermi confrontare davvero e scambiare opinioni sul mondo, che mai finiamo di conoscere.

Sui social ce n'erano e ce ne sono tanti di gruppi, ma spesso sono solo tette di fuori, muscoli di fuori, teste di fuori. Ne trovai uno che mi dava una bella sensazione, sentivo l'emozione giusta, ci stavo benissimo. Ma l'amministratore aveva un nome inventato e una mattina il gruppo, improvvisamente, sparì. Fu così che mi venne l'idea di crearne uno a mia volta e quello fu il momento in cui nacque "Single Toscana".

La prima volta che ci incontrammo fu un grande successo, c'era tanta gente, non lo avrei mai sperato ed ero molto felice. Nei sette anni tra la fine del mio matrimonio e la relazione con l'uomo geloso avevo fatto vita monastica, e avevo la responsabilità di una figlia piccola. Ma da quella sera in poi iniziai a sentire di nuovo l'energia fluire dentro di me.

Fuochi improvvisi, fuochi di paglia

Dovetti fare comunque i conti con la realtà. Conobbi molte persone ma tutte a livello superficiale, non instaurai nessun tipo di legame. Mi faceva soffrire il fatto che, dopo pochi giorni, alcuni si eleggevano vicendevolmente migliori amici e migliori amiche, in un eccesso di slancio e di entusiasmo. Qualcuno del gruppo mi rimproverava, essendone la *leader* e fondatrice, di essere fredda: rispondevo che sono realista, so per esperienza che per costruire qualcosa di importante ci vuole tempo. Ho l'abitudine di chiamare qualcuno "amico" dopo qualche anno di frequentazione, anche due o tre, e mi chiedo se tutto questo sia un mio limite. A volte la chiamo maturità.

Costruire un'amicizia sana

Amicizia per me vuol dire potersi raccontare la vita, il dolore, la gioia.
È un processo reciproco, graduale e di fiducia, e non lo svendo certo per bisogno d'attenzione. Mi offro all'ascolto, in un clima di interesse, ma anch'io ho i miei limiti: almeno una volta l'anno vado in crisi, tachicardia e ansia per un paio di settimane.

Credo sia dovuto al fatto che ascolto tante storie, tante difficoltà, consapevole di poter dare solo un suggerimento "momentaneo", magari quando è appena finita una storia: ma se dopo quattro o cinque mesi sei ancora a piangerti addosso, hai bisogno di rivolgerti a una persona più competente di me. Non è per cattiveria se alzo le mani: voglio che tu reagisca sì, ma se il tuo disagio persiste, per farti aiutare, devi rivolgerti a uno psicologo.

Alcuni mi rispondono "Ma io non sono malato", oppure "Non ne ho bisogno". Capisco che hanno paura di mettersi in gioco, non sanno che la cosa migliore che ci possa accadere è... un amore a prima vista con uno psicologo, amore nel senso tecnico del termine, s'intende: la possibilità insomma di rafforzare insieme al professionista la fiducia, la consapevolezza, il senso di sé e di stare bene al mondo, cose oggi quasi completamente perdute per tante persone, per tanti motivi.

Lo psicologo, figura "inquietante"

C'è molta confusione intorno alla figura professionale dello psicologo. Tante persone pensano che, appena li vedo, li psicoanalizzo o leggo la loro mente e poi li giudico, e per la paura cercano di convincermi/si di essere... più pazzo di loro. Credono che uno psicologo debba essere immune alle difficoltà della vita e non possa scherzare. Ma anche uno psicologo è un essere umano come tutti, e ha bisogno di divertirsi e prendere energia per poter ripartire. Quando mi trovo a chiacchierare con una persona non sono uno psicologo, sono Pier Luigi.

Il senso comune vuole che solo i malati vadano dallo psicologo. Il mio ascolto da professionista, invece, è finalizzato a migliorare la condizione di qualsiasi persona, non a giudicarla. Con gli strumenti in mio possesso posso tirare fuori il meglio di te. Lo psicologo illustra nuove strategie per non rimanere chiusi nei soliti schemi. Per esempio, smettere di arrabbiarsi col pozzo secco perché non c'è acqua, e cambiare pozzo.
Molte volte dimentichiamo che abbiamo una vita sola e che è importante cercare di esprimere al massimo le nostre potenzialità. Di essere felici, insomma, nei limiti del possibile.

A proposito di Napoleone

Forse aveva ragione Napoleone: "Chi ha voglia di rovinare gli uomini deve solo permettere loro tutto". In questi anni ho imparato che all'interno del gruppo ci vogliono regole, altrimenti i partecipanti sono solo dei cani sciolti. Hanno bisogno di un "capo". Per esempio, nel gruppo "Single Toscana" è vietato l'uso dei link da altri siti. Secondo me non si parla con i link, ma è il gruppo, sono le persone che devono essere motivo di conoscenza e discussione: postate una vostra foto così gli altri vedono come vivete, che gusti avete e così via.

Una volta ho proposto di postare una foto del proprio comodino: mi hanno presa per scema. In realtà è una foto che dice molto: provate a pensare perché. È importante essere curiosi delle persone. Altre volte, invece, ho chiesto di fotografare la stanza da letto e mi hanno presa per maliziosa: ma è una foto del tuo mondo, è uno dei tanti modi per conoscersi.

Mi capita spesso di fare la baby sitter e, in alcuni casi, non vedo troppe differenze tra i bambini e i nostri single. Molti si giustificano: "Noi siamo bambini dentro", ma è solo un modo per non mettersi in gioco. La realtà non va sempre come vuoi tu e se dai la responsabilità agli altri, perché questo non accade, sei ancora un bambino. In ogni situazione capita di interpretare un ruolo e questo non vuol dire falsità, vuol dire essere versatili e adattabili, senza subire o andare contro la nostra natura.

Il baccagliatore seriale

[bac-ca-glia-tò-re se-rià-le] s.m.
Soggetto che tenta un approccio con un'infinità numerabile di persone con il solo obiettivo di essere amato, notato, gratificato.

Potremmo definirlo un dongiovanni dei nostri tempi, con una percentuale di successi variabile dallo 0,1 al 25/30 percento, nei casi più fortunati.
Il *baccagliatore seriale* è mosso dal bisogno di essere gratificato e di valorizzare la propria immagine di persona desiderabile. Si muove all'interno di un copione che non cambia mai e gli dà sicurezza. Di fronte all'imprevisto - una donna di esperienza che rivolge domande impertinenti, oppure una donna per sua natura sfuggente - si trova in difficoltà. A qualcuno diverte la sua fragilità, sembra

di avere a che fare con un adolescente: civetta solitamente come un quindicenne.

Può diventare *baccagliatore seriale* chi ha da poco chiuso una relazione, per riempire la sensazione di vuoto. A volte cerca compagnia con il solo obiettivo di confessarsi e sostituire nella sua immaginazione la partner precedente.

Affinché i residui di una storia importante possano essere definitivamente riposti in archivio c'è bisogno di almeno un anno. La maturità, che non è certo legata all'età, si raggiunge quando si comincia a selezionare, quando non si prende tutto quel che viene solo per non sentirsi soli; molti equivoci nelle relazioni sono dovuti a questi meccanismi inconsapevoli.

Spesso le persone con tale dinamica provengono da famiglie dove le figure di riferimento erano molto rigide, anaffettive e giudicanti in negativo.

La comunicazione copia/incolla

Nel gruppo Facebook "Single Toscana" sono a conoscenza di alcuni casi di dichiarazioni copia/incolla: una volta apposta la sua firma, il *baccagliatore* dà lo stesso "biglietto da visita" a tutte le donne che gli piacciono, come se fosse un modulo del Comune. Dalle parole che scrive sembra un poeta; ci sono dei veri e propri specialisti della situazione: "Ciao bella! Che cosa fai di bello nella vita? Dove abiti?", sono frasi tipiche di *cuccaggio,* utilizzate su tutte le piattaforme social. Si sprecano i *tesoro*, *splendore*, *stellina*, lui chiama tutte così. Cena, rose e parole sdolcinate sono i suoi cavalli di battaglia. Personalizzando il corteggiamento avrebbe maggiori possibilità di successo, ma non ha né la capacità né la curiosità di conoscere gli altri e capire chi ha di fronte.

La sequenza

Sui social network sembra esserci una sequenza classica: entrare, chattare, uscire, scopare... Tutto programmato, e se non parte la scintilla, la sequenza ricomincia. Nonostante il momento economico e sociale molto difficile, per tante persone il problema principale non è arrivare a fine mese (beati loro dico io) ma lo struggimento di avere accanto una persona a tutti i costi. All'interno di "Single Toscana" sembra essere più comune per le donne. Escono in un mese anche con dieci uomini diversi. Dove sta la qualità? Che sensazioni potranno mai provare?

Gli uomini, quasi tutti, invece sono solo in cerca di *passera*. Una volta uno mi disse: "Oh, ma donne qui che trombano, in questo gruppo, ce ne sono?" Risposi: "Sono una donna e non posso rispondere, ma a darti una zampata nei coglioni non ci metto nulla". Mi offendi così, senza conoscermi? Molti hanno avuto matrimoni lunghi, di cui si sono sentiti prigionieri, e ora lo infilano anche nella presa della corrente, oppure fanno un buco in terra e aspettano il terremoto. Spesso sono uomini che si sono sposati giovani e vogliono recuperare il tempo "perduto".

Per quanto mi riguarda, il *sesso fast food* né funziona né mi piace. Sono fermamente convinta che il sesso debba essere di qualità, altrimenti è sufficiente ricorrere ai surrogati. Uno dei modelli sociali più ricorrenti è quello del donnaiolo, che è ganzo e capace se ha molte donne, mentre il suo equivalente donna è generalmente definita *zoccola*.

Secondo voi, cosa significa il termine “zoccola”?

F Una che non si fa problemi per andare con uomini sposati, accompagnati, soli ecc. Senza sentimenti e senza pudore.

F Zoccola, per le pettegole e chi non si fa i cazzi propri, sono tutte. Ricordiamoci ogni donna è libera di fare ciò che vuole e non è giusto che venga bollata.

F Zoccola colei che lavora sull'Aurelia

F Le zoccole sono le puritane che, quando vedono un uomo, fanno le santarelle e poi vanno con chiunque, sposato o ricco, per farsi mantenere... e poi trovano anche chi le sposa.

M Quella che mia mamma mi tirava da piccolo!!!!
😆😆😆😆

F Dopo un termine del genere un bel burka non ce lo leva nessuno. Ma fatemi il piacere maschilisti di 'sta BEEEP

F Zoccola: essendo un termine dispregiativo, penso possa essere associato a tutte le persone che si comportano in modo indegno verso gli altri; io lo userei tranquillamente anche per molti uomini.

M ZOCCOLA: calzatura femminile. In gergo popolare: oggetto dove tutti possono infilare il piede, ergo: donna dai facili costumi. In toscano TEGAME! !!!

F Tutti siamo "zoccoli". Non vedo nessun verginello/a! A 40/50/60 tutti abbiamo collezionato uomini/donne, non facciamo tanto i puritani. Il discorso è lungo e contorto. A quanti rapporti sessuali si deve arrivare per essere "zoccoli"? Via su... qui, nessuno è santo/a!!!!!!!!

F O che ora c'è anche un numero previsto di copulaggi???? o copulamenti?

F Esiste un "conta-km"??

F A questa età siamo tutti zoccoli allora!!!!

F Si spera che lo siamo!

F Gli uomini fanno la battutine, rispondete seri: le avrete conosciute anche voi delle "zoccole", quindi esprimetevi!!! Per me il termine "zoccola" è colei che va con vari tipi di uomini per il piacere di conquista e di sesso immediato; a volte si innamora ma ha bisogno nuovamente di cambiare!!

F Sì, ma se una ha questi desideri, perché chiamarla zoccola?

F È l'aggettivo dispregiativo di uso comune!!!

M Lo fanno anche i maschietti e spesso per solitudine. È triste e squallido, ma le dinamiche che portano alla promiscuità sono davvero tante, ma alla fine c'è sempre un senso di disagio e di rivincita nei confronti del nostro passato.

F Ok, ma le donne vengono chiamate "zoccole", gli uomini "libertini".

F Se si disprezzano le persone di colore siamo razzisti, se lo si fa con i gay siamo omofobi; non vanno disprezzate neppure le signore e signorine vogliose, magari fanno il piacevole lavoro che altre, dopo aver accaparrato "per amore vero" un uomo, se lo lasciano scappare.

F Parlate di zoccole/i, amanti di mariti, mogli: ricordatevi che le cose si fanno in due
😉

M Basterebbe non prendere la definizione come un'offesa. Se chiamate un uomo bastardo o puttaniere per lui è motivo d'orgoglio... fatelo anche voi!!

F Io, per esempio, la zoccola definisco una sola persona e non ha colpa solo lei: quella che si è intromessa nel mio matrimonio, ma un po' penso sia anche colpa mia se il mio ex è andato con un'altra.

F Avrò sicuramente la mia parte di responsabilità nella fine del mio matrimonio, ma l'ho SUBITA io.

F A mio discapito posso dire che, a pensarci ora, forse non subivo. Mi sono sempre sentita verso di lui un po' intimorita. La differenza di età non ha aiutato.

F Troppe etichette, troppi pregiudizi e la vita scorre. Io me ne frego del giudizio altrui e se mi piace tanto qualcuno e se a questo qualcuno piaccio tanto io... Tutto il resto è società, imposizione, impostazione, dover esser e dover fare.

M Ma quanta ipocrisia!!! Non definitevi liberi! Perché liberi sì è quando non si hanno pregiudizi! Siamo tutti soggetti a un'educazione e a un retaggio ipocrita

che ci hanno inculcato da bambini!
Siamo animali, non dimentichiamolo!

F Grrrr

F Ehm...

M Esistono animali monogami tutta la vita.

M Quindi voi non siete il risultato dei condizionamenti inculcatici da bambini? Se foste ancora allo stato animale, vi preoccupereste di quanto e con chi copulate???

M Niente condizionamenti, ma maturazione da esperienze (positive e negative), capacità di distinguere il bene dal male (proprio e altrui).

M E il male o il bene in questo contesto dove sta???

M C'è, e anche parecchio. Pare che l'egoismo abbia la meglio, e non c'entra l'educazione. Basterebbe solo un po' di buon senso.

M Il bene o male in questo contesto può solo scaturire dal pregiudizio. Da cose che vediamo negli altri che non corrispondono al nostro retaggio mentale. E da qui partono gli "additamenti", senza tener conto che quando uno fa col suo non deve rendere conto a nessuno se non a se stesso/a.

M Assolutamente no. Questo contesto rovina la vita delle persone, famiglie, figli e non si ha idea dei danni psicologici che si creano. Il disagio mentale di cui tanto si parla nel gruppo da cosa credi che derivi? Non tutto, ma molto da esperienze di rapporti malati, malsani, devastanti nella loro leggerezza e superficialità. Non c'è nessun retaggio, solo esperienza. Non si giudica nessuno, ma rimango della mia PERSONALE idea che, dopo i miei errori, non ne vale la pena, MAI. Non si tradisce perché innamorati, si soddisfa solo l'ego. Ognuno faccia ciò che vuole, ma non vi nascondete dietro ad un dito!!

F Soffrire per storie andate male è sbagliato, il "per sempre" è sbagliato (basta entrare in un cimitero). Bisogna essere sinceri in situazioni belle e meno belle, vivere il momento, rispettare se stessi e gli altri. Personalmente sono libera e non ho mai minacciato con armi spasimanti impegnati. Ho lasciato prima di tradire (il tradimento lo trovo sbagliato), perché se pensavo ad altro di sicuro non l'amavo più, ma non posso aver responsabilità di fronte a nessuno, cioè non posso essere la felicità di qualcuno, perché non è umanamente possibile. Posso essere un complemento, se sono di più è un amore malato, non si deve dipendere. Amare è capire ciò che è meglio, compreso lasciarsi.

F Alla base credo ci sia il rispetto di se stessi e degli altri. Non mi intrometto in una coppia. Poi, come ho detto, se uno è libero va con chi e quante volte vuole. Io, anche se mi piace uno impegnato, me la faccio passare.

F La mente e il cuore non si comandano... te lo dice una che è super razionale. Tutto può succedere in questa vita. Mai dire mai...

F Ma nemmeno sentirsi animali e andare con chi capita perché hai voglia!

F E se una persona è "vogliosa", è zoccolo/a....?

F No... Lo è chi si da a chiunque seguendo istinti animali.

F Il sesso è un istinto. Se tu dovessi aspettare l'ammmmore per fare sesso passerebbero anni
😱

M Basta sceglierlo non impegnato. Non mi sembra difficile.

F Buon per voi che potete anche scegliere di chi innamorarvi. Vi invidio abbestia!

La zoccola e il dongiovanni

[zòc-co-la] s. f. *femmina del topo di fogna, assai prolifica, che si dedica a una sfrenata attività sessuale con quanti più maschi possibile.* [Grazie agli amici di www.malafemmina.it/zoccola.php]

Il termine *zoccola* è indubbiamente sinonimo di prostituta, con una differenza: la *zoccola* non è interessata unicamente ai soldi. Viene chiamata *zoccola* una donna affamata di sesso e di piacere sfrenato, o che debba sedurre a tutti i costi: ciò la rende, agli occhi dei benpensanti, ancora peggiore della prostituta che – magari spinta dal bisogno – si vende per denaro.

La pesantezza e l'offensività di questo termine stanno nel fatto che l'animale di riferimento, la zoccola appunto, vive nelle fogne, e si nutre di rifiuti. È quindi un essere spregevole.
Il dongiovanni invece è un uomo molto fragile che cerca conferme e, da queste, l'autostima mancante, è la paura del vuoto interiore che lo muove.
E vale lo stesso per le donne.

Sesso fast food?

Per me il sesso di qualità è solo quello accompagnato da un'emozione. Il sesso *fast food* si può fare per un periodo, magari dopo un matrimonio abitudinario finito, ma questa modalità non può durare a lungo; non rimane niente, né una crescita, né una maggiore consapevolezza, nulla. Il giorno che lascerò questa nave non vorrò farlo come collezionista di figurine.

A tanti manca lo stimolo, il cosiddetto "morso del lupo" inteso come capacità di adattarsi e concentrarsi sulla soluzione anziché sul problema. Anche nelle relazioni *fast food* molti cercano una sicurezza che non esiste. La nostra vita non è legata a un altro essere umano. Non aggrappatevi! State prima bene con voi stessi! Tante coppie si sono unite e poi allontanate, una volta raggiunto l'obiettivo sesso, ma poi lasciano "Single Toscana" perché sono gelosi. Non pensano neanche lontanamente al fatto che nel gruppo possano esserci degli amici. La cosa più triste è la gelosia assurda: se ti voglio tradire non ci metto nulla.

Alcuni miei colleghi hanno il telefono extra nell'armadietto di lavoro e una coppia che conosco sta fissa a controllare gli accessi di Whatsapp l'uno dell'altra, alcuni ne sono ossessionati. Ci sono persone che si frequentano e dopo cinque, sei mesi sanno davvero poche cose della vita dell'altro, neanche dove abitano. Alcuni riescono a mantenere questa condizione anche per due, tre anni.

Due rette parallele s'incontrano solo all'infinito

Anche se siamo vestiti eleganti, facciamo la ceretta, mettiamo il profumo, siamo sempre animali. Qui fuori è una giungla. Dal punto di vista biologico l'uomo nasce cacciatore ed è "programmato" per fecondare quante più donne possibile, per garantire la sopravvivenza della specie e diffondere il proprio DNA.
La donna ha il compito di selezionare il maschio con cui accoppiarsi, con l'obiettivo di generare un nuovo individuo geneticamente forte, capace di dominare l'ambiente e di procreare a sua volta. Proprio perché la riproduzione - nove mesi di gestazione, il successivo periodo di allattamento, la crescita del figlio - le costa tanta energia, sceglie l'individuo che lei ritiene più forte.

Questa matrice biologica però viene spesso fraintesa. Per esempio, alcune donne sostengono che gli uomini ragionano solo "col pisello". Se in parte questo è vero, c'è da dire che con la maturità la carica ormonale si abbassa e si diventa più interessati a conoscere una persona, piuttosto che praticare un po' di sesso. Dal punto di vista degli uomini, le donne "se la tirano", ma come abbiamo visto questo ruolo – quello della selezionatrice – è un preciso compito assegnato loro dalla natura. La finalità è appunto selezionare: se così non fosse la sovrappopolazione del pianeta sarebbe insostenibile.

Vi immaginate se uomini e donne fossero biologicamente uguali? Sarebbe un disastro: se tutti avessero la carica ormonale degli uomini, per strada non ci sarebbe nessuno, sarebbero tutti in camera da letto. Viceversa, nel caso la capacità selettiva della donna fosse anche prerogativa degli uomini, verrebbero generati pochissimi individui e rischieremmo l'estinzione.

Per definire ancora meglio la differenza biologica possiamo pensare a un uomo che entra in una stanza con dieci donne nude: cari ragazzi, che effetto vi farebbe? Un'esplosione ormonale da far perdere ogni controllo! Proviamo invece a immaginare la situazione contraria: una donna che entra in una stanza con dieci uomini nudi. Se non ha l'emozione "giusta", ne rimane abbastanza indifferente, se non imbarazzata o impaurita.

Vedere, sentire: è qui la differenza

È dunque una questione ormonale e visiva per gli uomini, emotiva per le donne. Gli uomini, infatti, sono molto stimolati da ciò che vedono, per esempio dalla biancheria intima sexy o da una profonda scollatura; le donne invece hanno bisogno della giusta emozione, sentirsi accolte, ascoltate e protette. Molti non conoscono questa diversità e la scambiano per un errore dell'altro sesso. Essere consapevoli di queste differenze comporta un notevole miglioramento di molte relazioni, insomma ci si comprende di più.

Discorso complementare è la capacità di cavarsela da soli, che rende un uomo o una donna molto più appetibili dal punto di vista sessuale ed emotivo. È ancora, da questo punto di vista, un discorso biologico. L'uomo indipendente economicamente e affettivamente è più appetibile proprio perché può garantire maggiore protezione alla donna, il cui compito biologico è generare e proteggere la prole. La donna ha sì bisogno di essere protetta, ma è anche in grado di proteggere a sua volta i figli e "sopportare" tutto quello che comporta. Detta così sembrerebbe la vita dei nostri antenati preistorici: e infatti dal punto di vista biologico è ancora così, altrimenti saremmo già scomparsi dalla faccia della Terra.

Vecchi e nuovi ruoli

Dal punto di vista sociale le cose stanno diversamente. La storia della donna è di sottomissione all'uomo, anche se è fasulla, nel senso che la donna ha fatto credere all'uomo di essere sottomessa, in realtà ha elaborato delle ottime strategie per sfuggire al suo controllo.

Per fortuna le donne, negli ultimi decenni, hanno conquistato molte libertà e questo rende la società più completa, per il loro apporto fattuale e creativo. L'effetto collaterale è che molti uomini, scalzati dal ruolo del "faccio fare dei figli alla mia donna e poi vado a cacciarne altre", lo ha reso un po' più insicuro. Le donne sono diventate più libere e indipendenti. All'estremo possiamo trovare donne cacciatrici o *femmes fatale:* alla base di tale comportamento troviamo sempre un vuoto interiore e poca stima di sé.

Il profilo di Dorian Gray

Ricevo spesso telefonate di uomini che vogliono entrare a far parte di "Single Toscana" e mi chiedono: "Ci sono donne giovani?" Li stronco subito dicendo che questo gruppo non fa per loro. Molte volte il sessantenne cerca la donna di trenta per scongiurare il passare del tempo. Per esperienza personale dico che gli uomini separati (ma non tutti) tornano a essere degli adolescenti in calore e gli adolescenti vanno tenuti a bada. A quattordici o quindici anni una certa esuberanza è naturale, perché il comportamento è mediato prevalentemente dagli ormoni, ma a cinquanta anni e oltre no. Si può capire che le nuove generazioni, dove i modelli televisivi offrono piselloni, tettone, addominali a quadretti e fisici atletici, possano essere influenzate, ma non i single del nostro gruppo, che hanno anche più di cinquanta anni. Siete cresciuti con altri valori, dove avete perso la bussola?

No limits

Qualche tempo fa mi trovavo in una famosa discoteca, era un anno che mi ero separata. All'interno di quel locale avvertii subito un senso di tristezza, per non dire squallore. La maggior parte delle persone cercava solo di dare pace a un malessere interiore, senza limiti. Oserei definire il comportamento di alcuni *maialaggine*, e non c'era praticamente differenza tra uomini e donne.

In uno scambio di idee su Facebook, alcune donne sostengono che farsi il toy boy, cioè un ragazzo molto giovane "usato" solo per puro piacere fisico, non sia tacciabile di immoralità. "Stiamo parlando di qualcuno che magari vive ancora con babbo e mamma!"

Il toy boy

F Lui ha diversi anni meno di me. È carino, ma diciamo che non vincerà mai il Nobel. Mi sta chiedendo di uscire da giorni. Dice che devo smettere di dire che sono vecchia. Ok, il corteggiamento mi lusinga, non posso negarlo, ma da qui a uscire insieme la vedo dura. Prendo tempo. Rimando. Ma dentro di me muoio dalla voglia di farmi un bel giro di lenzuola con lui. Non lo confesserò neppure in punto di morte. Maledetta cellulite e età che avanza. Che bel guaio. Consigli?

F Che te ne frega???????? Mica lo devi sposare!!!!!!!!

F Ma il Toy Boy o come si fa??? Non so neppure da dove cominciare

F E daje... non lo devi sposare.

F Ti piace? Ti fa sangue? Vai!!!!!!!!!!!!!!!!!

F Cioè... ancora ci pensi???

F Cazzo la vita è una, buttatiiiiii

F Ahahaha, sei un mito della contraddizione, la vita è una, oggi ci siamo e domani speriamo. Io ho sempre avuto amici/compagni più giovani... con la scusa fai faticare di più loro!!! Già il fatto che sotto sotto lo desideri, dovrebbe essere una risposta!!!!! Non pensare a quel che pensano gli altri, tanto per un 50% ti dirà di sì l'altra metà di no. Ti va? Fallo!

M Lasciati guidare dai tuoi istinti, poi quello che succede succede, cosi un domani non avrai rimpianti.

F Se ci pensi e ti piace, perché no? Devi decidere tu, senza pensare a quello che dicono gli altri, anzi ti dirò, io nemmeno facevo il post, proprio perché sono solo affari tuoi, e così ti sei comunque esposta al giudizio degli altri. Molti in pubblico ti diranno buttati e in privato chissà.

F Vai, non ci pensare due volte. Dai retta, solo sesso, non coinvolgimento sentimentale. Può durare molto.

M Esci con lui e poi vedi.
Va dove ti porta il cuore
😃

F Se è per un giro di lenzuola va bene... per altro pensaci un attimo.

F Per un giro di lenzuola non lo farei mai. Dite che l'età non conta, io non ci credo; l'età conta è come, poi se l'età è minima ok, ma se ci sono 25 anni di differenza è orribile.

L'abito e il monaco

Mi piace molto la definizione di donna consumata, ma non certo mi sento o sono vecchia; ho un matrimonio alle spalle, una figlia e credo che il meglio sia sempre davanti a noi. Molti membri del nostro gruppo, uomini e donne, cercano persone molto giovani. Di solito l'uomo più grande dà alle donne un senso di protezione, ma con gli anni mi sono ricreduta, la sicurezza che si offre e si riceve non dipende dall'età.

Tempo fa un bell'uomo di sessant'anni venne a una serata di "Single Toscana" vestito da motociclista, con le borchie e tutto il resto. Gli dissi che faceva cacare, aveva un outfit da ventenne; mi rispose: "Outché?" Fui molto dura. Lo sfidai proponendogli di venire alla serata successiva in jeans e camicia, e insieme avremmo visto cosa sarebbe successo. Si presentò come avevamo stabilito e devo dire che era davvero un bell'uomo. Riscosse un bel successo tra le donne presenti, venne da me per ringraziarmi e dirmi che era soddisfatto della reazione degli altri e di sé stesso. Non contento, la volta dopo venne addirittura indossando una giacca. Questo esempio serve per dire che, molte volte, possiamo dare fiducia alle persone con un consiglio sincero e un incoraggiamento (anche meno duro).

Ho vissuto anche episodi di segno opposto: ho invitato due donne ad abbandonare il gruppo perché erano vestite in maniera poco elegante. Nei ristoranti non vestitevi come in discoteca, altrimenti mandate un messaggio sbagliato e poi vi lamentate se alcuni uomini non vi rispettano. Una volta venne una con una minigonna *raso-topa* che le si vedevano le mutande. Aveva più di cinquant'anni ed è brutto sentire da alcuni uomini frasi del tipo: "Bene bene, qui son tutte zoccole". Lo sentii proprio con le mie orecchie e gli risposi: "A partire da me, no".

Mi piacerebbe essere *zoccola*, ma non mi riesce. E poi cosa vuol dire *zoccola*? Non è detto che una donna, vestendo in quel modo, sia automaticamente una *zoccola*, ma il messaggio è comunque errato.

Secondo voi, le donne sopra i cinquanta possono uscire in minigonna e tacco 15?

M Sì, però poi rientrano scalze perché gli fanno male i piedi.

F Fermo restando che uno è libero di fare quello che vuole, io credo che ogni età abbia il suo modo di vestire, credo si possa essere giovanili anche senza minigonna e tacco 15, che li vedo più adatti ad una ragazza.

M Perché no?

F Io penso che ogni età abbia il suo abbigliamento.

M Ci sono donne sopra i 50 che con quel tipo di abbigliamento fanno più figura di molte ventenni.

F Dipende come si sente la persona.

F Secondo il mio punto di vista, no! Uguale è per l'uomo sopra i 50 anni vestito da ragazzo!

M Secondo me la minigonna ci può anche stare, ma il tacco 15 proprio no!

M Se hanno un bel fisico, sìììì.

F Io su certe cose son "vecchia". Dai all'età quel che l'età richiede. Come disse un uomo in un locale: dietro liceo, davanti museo. Conosco certe donne over 50 con un fascino spaventoso, una classe, un portamento, ma non si vestono come mia figlia che ha 20 anni. Accettano l'età che hanno e giocano le carte della femminilità. Stupende!

F Io la minigonna la porto, ma il tacco 15 no. Non c'entra secondo me l'età, bisogna portarla con disinvoltura, tutto qui e io ho 59 anni...

F Io non ho problemi, non portò il tacco 15 perché non l'ho mai portato, ma per tutto il resto non mi creo problemi.

M Comunque ci sono donne che se lo possono permettere e altre no, non tanto per il fisico che indubbiamente conta, ma per la loro disinvoltura e eleganza con cui la indossano. Alcune donne con i tacchi alti sembrano Bambi appena nato.

F Io porto tutti e due e col tacco 15 ci ballo il *rok end roll*. Ritengo che ci voglia fisico e anche saperli indossare.

M Tacco 15 lo vedo un po' esagerato per tutte, la minigonna, se il fisico lo permette, perché no? Anzi, fa piacere (e poi una si deve vestire come si sente meglio, al di là di tutto).

F A 50 anni si deve capire che non siamo più ragazzine. E non ci incastra essere fatte bene o no, preferisco l'eleganza alla volgarità.

F Sono d'accordo, ma portare una minigonna non è volgare.

F No, volgare è quella donna che vuole fare la ragazzina a 50 anni.

M Anche se è una bellissima donna e ha un bel fisico, a 50 anni non mi piace che indossi la minigonna, ma quella un pochino sopra al ginocchio. Naturalmente rispetto le 50enni che la portano, a me personalmente non piacciono.

M Se sono delle brave *stantment* sicuro 😄😄😄😱

Dietro liceo, davanti museo

Un sabato sera ero in un locale, la sala era piena di gente che si alternava tra sorrisi e tristezza, erano vestiti da adolescenti e mi veniva in mente la frase: "Dietro liceo, davanti museo". Dopo qualche minuto che osservavo mi si è avvicinata una donna sulla sessantina e mi ha chiesto di scattarle una foto insieme a una sua amica, ma da lontano altrimenti le si vedevano le rughe. Le risposi: "Grazie a Dio che hai le rughe". Rimase perplessa per qualche secondo, prima di darmi ragione. È difficile accettare il tempo che passa ma, ogni volta che mi sveglio, sono molto contenta solo per il fatto di essermi svegliata. Mi piacerebbe molto invecchiare, ma non è garantito. La vita è così: nessuno ha garanzia di nulla.

E dopo i cinquanta?

Francamente, e chi mi sta vicino lo sa, ho il terrore di passare i cinquant'anni. Perché? Perché tutti quelli che "scollinano" i cinquant'anni li vedo rincoglioniti, uomini e donne. Persone di sessanta, sessantacinque anni che si comportano da adolescenti mi intristiscono. Sono cresciuta con certi valori, spero di arrivare a quell'età e di essere elegante come alcune donne che ho avuto la fortuna di incontrare. Ci sono delle persone che, secondo me, nascono eleganti: ricordo la mia insegnante d'italiano che non era bellissima fisicamente, ma parlava e vestiva in maniera incantevole e dunque era facile andare oltre il suo aspetto fisico.

Superare la Cima Coppi senza doping ovvero i cinquant'anni in scioltezza

L'uomo che "scollina" i cinquant'anni va in crisi di mezza età perché, avendo una carica ormonale ancora notevole, non è supportato adeguatamente da una donna coetanea in quanto questa, avvicinandosi alla menopausa, va incontro a un calo drastico del desiderio sessuale. Un tipico errore dell'uomo è quello di viversi il desiderio diminuito da parte della compagna o della moglie come rifiuto personale. A quel punto l'uomo va in cerca di una donna più giovane, anche per mettersi alla prova. Molte volte, questa incomprensione della natura differente tra uomo e donna può portare alla fine della relazione.

La donna in genere passa la prima parte della vita, dai quindici ai trentacinque anni, a fare progetti come matrimonio, casa, figli eccetera per poi smontare tutto nella seconda. Da quel momento in poi subentra in lei la fretta terribile di dover recuperare le esperienze perdute, e può anche arrivare a corteggiare, qualche volta, un uomo molto più giovane solo per rassicurarsi del fatto che, nonostante il tempo che passa, sia ancora seducente.

Il futuro non torna

Ci sono uomini e donne, dai cinquanta in su, assidui frequentatori di discoteche. In questo modo sperano di ripetere il periodo felice nel quale hanno incontrato la persona che poi hanno sposato. È l'unico modo che conoscono per far rinascere un'altra storia d'amore, senza rendersi conto che il tempo è passato e quello non è più il loro posto.

A vent'anni la discoteca è un classico, per incontrarsi, tutti vanno lì, si fa gruppo e si può conoscere la persona con cui avviare una relazione. Da giovani siamo ancora poco esigenti, la nostra personalità non è formata e c'è la possibilità di crescere insieme smussando qualche angolo. A cinquant'anni, invece, siamo ormai quelli che siamo, con tutte le nostre esigenze e particolarità, e non è possibile farle conoscere in una serata in discoteca con la musica a mille... anche per un problema di acustica. Quindi, oltre un'eventuale notte di sesso, non possiamo aspettarci di trovare in pista l'uomo/la donna della nostra vita.

Coerenza incoerente

Qualche tempo fa rivolsi questa domanda al gruppo Facebook “Single Toscana”: “Avete mai invitato un uomo a bere o a mangiare fuori?”.
Le risposte delle donne inizialmente furono: “No, mi deve invitare lui, non ci penso nemmeno”. In privato però era tutta un'altra storia; qualche uomo del gruppo ha ricevuto inviti espliciti da donne che si professavano “tradizionali”. Perché ti devi nascondere? Perché devi scrivere una cosa falsa? Alle finte sante ormai non crede più nessuno, e non fate neanche bella figura.

Spesso sui social leggiamo frasi tipo “Odio la falsità, odio le bugie, l'ipocrisia”, e a volte mi dico: “Scusate, allora io sono da mandare al rogo”. Nella mia vita sono stata anche falsa, bugiarda, ipocrita, stronza, nessuno è perfetto.

Mi sono ritrovata qualche volta a dover mentire per salvarmi. Tutti prima o poi abbiamo detto qualche falsità a danno o alle spalle di altri, della cognata, dell'amica, del vicino eccetera, o abbiamo giudicato qualcuno per l'aspetto fisico, il comportamento o altro. Tendiamo facilmente a giudicare e nessuno di noi è immune da questo vizio.

Si giudica per semplificare

Tendiamo a giudicare, in genere, perché dobbiamo categorizzare e strutturare una realtà molto complessa. Questa operazione ha la funzione di semplificare l'eccesso di stimoli esterni. Nessuno di noi è immune da questa possibilità. Del resto, se non potessimo categorizzare e schematizzare la realtà potremmo impazzire in meno di venti minuti.

A far bene ai ciuchi si buscan calci

Alcune persone, da poco entrate in "Single Toscana", mettono le mani avanti: "Non voglio rotture di scatole perché nella mia vita ne ho già avute tante". Ma scusate, prima di giudicare rompiscatole una persona, cercate almeno di conoscerla meglio: magari ha una storia complicata e dolorosa alle spalle e se riuscite a scardinare quella corazza potreste trovare una bella anima. È già lodevole il fatto che abbia voluto esporsi ed entrare in un gruppo social.

Molte persone che fanno parte del nostro gruppo da più tempo, dopo un po' che hanno acquisito fiducia, dimenticano che anche loro, agli inizi, erano così, e a qualcuno non risparmio di ricordarlo. Siete stati accompagnati all'interno del gruppo, avete trovato comprensione e con i nuovi arrivati dovreste essere clementi, fare altrettanto. Mi permetto di dire che questo è opportunismo ed egoismo. Può essere che abbiano paura di dover star male di nuovo, ora che hanno trovato un loro equilibrio.
È sufficiente comprendere che anche solo pochi minuti di conversazione riescono ad accendere una speranza e ognuno può essere un esempio.

Solitudine versus singletudine

La domenica non esco, mi chiudo in casa, nella mia *singletudine*, la settimana è piena d'impegni ed è necessario almeno un giorno per recuperare.

Mi metto sul divano con candele accese, TV e telefono spento per rifarmi delle energie spese. Durante la settimana vedo molte persone, e sono spesso alla ricerca di momenti di solitudine; come mi piacerebbe un sabato sera stare sul divano di casa a guardare Maria De Filippi, vuol dire tranquillità.

In passato ho pianto tanto perché non riuscivo a stare a casa, mi sembrava di perdere tempo. Uscire il sabato sera sembrava obbligatorio, come se non ci fossero anche gli altri giorni. La prima volta che sono rimasta a casa il sabato a non fare niente è stata dopo tre anni di separazione da mio marito. Mia figlia mi disse: "Se ti vedesse la Francesca di qualche anno fa...".

Eh sì, ero una persona molto diversa, lontana da quella che sono oggi: maniaca della pulizia, lavoravo dodici ore al giorno come un automa, senza alcuno stato d'animo. Ora ho imparato che le pulizie posso farle anche solo di domenica e se c'è un po' di polvere in casa pazienza, prima o poi la toglierò. Adesso sono libera di scegliere.
La condizione di single va vissuta con consapevolezza; per molti è difficile associare questa condizione alla tranquillità.

Specchio, specchio delle mie brame, chi ha più *like* in tutto il reame?

I social network sono stracolmi di affamate e affamati di *like*! Se non arrivano tanti *mi piace* vanno in crisi. Di *like* si vive generalmente a dieci-undici anni, quando stiamo ancora costruendo la nostra personalità attraverso i feedback esterni.

Molte donne hanno bisogno del "come sei bella", del "come sei fatta bene". I complimenti vanno gustati, ma senza dipenderne. Personalmente so di essere insicura e ho tutti i sentimenti dell'essere umano. Qualche anno fa mi vestivo per attirare l'attenzione, oggi la mia merce non è più in mostra. Adesso mi piace vestire in modo semplice e non devo dimostrare niente a nessuno. Mi piace lanciare un altro messaggio, faccio una selezione naturale. Tanti uomini hanno paura di me perché ho il coraggio di essere me stessa: basta minigonne *giro-passera* e tette di fuori.

Il sabato sera adotto lo stile "scaricatore di porto", perché non voglio rinnegare questa parte di me. Non sono una "fighettina", non voglio vivere impostata. Potrei fare la gatta morta ma non mi va, non sarei me stessa. Il mio ex compagno voleva che mi vestissi e mi comportassi in modo castigato: in un mese persi sedici chili. Ho provato ad andare contro me stessa e sono stata molto male. La mia voglia di libertà è venuta fuori. Non sono la classica donnina, signorina, se mi siedo e sento che sto più comoda a gambe aperte, le apro.

Prima che nascesse il gruppo Facebook, una mia amica si separò dal marito. Lei era sempre impostata, scicchettosa, ma nel profondo era frustrata. Una sera fece un bel botto, passò da aristocratica a scaricatore di porto. Da quel momento in poi la riconobbi, ma per il suo uomo fu un trauma. Sono arrivata alla conclusione che si può nascondere la vera personalità per un certo periodo, ma alla fine quello che sei verrà a galla.

Leoni da tastiera

L'altro giorno ho mandato via uno dal gruppo, cioè se n'è andato lui. Era entrato a spada tratta, tutto muscoli, il primo giorno mi scrisse: "Io e te ci fidanziamo". All'inizio lo presi come uno scherzo, ma cominciai a preoccuparmi quando il tipo prese a chiamarmi tutte le sere per raccontarmi della sua vita e delle notti passate nei locali, dove diceva di lavorare come spogliarellista. È un ragazzo che vive da solo in un paesino, senza macchina, si è buttato sulla palestra per raccogliere qualche *like* sui social. Mi diceva "ti voglio bene" senza neanche avermi mai vista, il che è molto triste.

Diceva di esibirsi in un certo posto, al sabato sera, e le donne lo aspettavano affamate. Cinquantenni che credono ancora che da due muscoli possa uscire un'emozione. Tutte a chiedere di lui, ma lui non c'era, non si presentava, semplicemente la sua esibizione non era in programma. Ma dovevate capirlo da voi che era solo un leone da tastiera! Tanti non riescono a scindere vita reale e virtuale. Questo ragazzo era entrato nel gruppo Facebook per essere al centro dell'attenzione, sentire le donne ai suoi piedi, ma aveva paura di non superare l'esame della realtà.

Persona versus personaggio

Aldo Carotenuto, psicoanalista e scrittore, definisce "frustrazione da nullità" una delle più grandi sofferenze umane. Molto spesso si finisce per vivere all'interno di una certa posizione sociale, a scapito del vero Io.

Socialmente parlando, il confine tra *persona* (intesa come personalità, come "parte vera" di un individuo) e *personaggio* (ch'è in sostanza quel che gli altri si aspettano da noi: un ruolo, che recitiamo con maggiore o minore spontaneità) è molto sottile. Quando il motore di tutte le attività è solo ed esclusivamente la ricerca spasmodica di attenzione, siamo di fronte al *personaggio*, cioè a un individuo che si modifica a seconda di chi ha di fronte allo scopo di ottenere riconoscimento, approvazione, ammirazione. A livello più profondo, invece, tutto rimane bloccato e, a lungo andare, genera sofferenza. Potremmo paragonare il *personaggio* a un pozzo senza fondo: la gratificazione, anche se arriva, non basta mai. Il lento dimenticarsi di sé è causa di molti disagi.

Persona è la nostra storia, unica, irripetibile e tutto quello che comporta: dolore, sofferenza, gioia, separazione, solitudine. Se non siamo disposti a farla emergere finiremo per vivere come un *personaggio*, secondo quello che gli altri si aspettano. Per esempio, se gli altri ci vogliono sempre allegri, questo ci costringe a esserlo anche quando non lo siamo. Alcuni passano molti anni nei panni del *personaggio* fino a convincersi che la vita vera sia proprio quella.

Ciò comporta negare emozioni, stati d'animo, escludere la possibilità al nostro vero Io di esprimersi e di realizzare i propri sogni.

Spesso il *personaggio* è una corazza costruita per proteggerci da un dolore vissuto nel passato più lontano, quando eravamo bambini e non avevamo gli strumenti adatti a far fronte alle situazioni degli adulti.

Secondo voi, il primo passo deve farlo l'uomo o la donna?

F Io preferisco l'uomo. Sarò all'antica?

F Uomo, uomo, uomo!!!!!!!

F Uomo.

M L'uomo...

F Io sono per la parità, quindi è indifferente
😉

F UOMINI, facile eh? Non avete più da tribolare. Volete mettere gli uomini di prima? Facevano a testate per avere una donna, anche se ricevevano un no. Dio benedica quella generazione! Ora ve la sbattono davanti con tanta facilità che non avete più bisogno di corteggiare
😄😄😄😄

M Non ci sono più le donne di una volta.

F Per me è l'uomo che deve fare il primo passo, poi è sempre la donna che decide, almeno io sono all'antica e ai miei tempi funzionava cosi!!!
😉

F Preferisco l'uomo!

M La donna, perché stimola l'uomo a fare il primo passo.

F Uomo.

F Io son vecchio stampo, il primo passo deve farlo lui!

M L'uomo. Se no che gusto c'è? È fantastico lottare per una donna.

M L'uomo in sé stesso è rincoglionito!! Quindi io dico la donna!!

M L'amante.

F L'uomo, che domanda!!!

M Eeeee!! Aspetta e spera!!!

F In genere l'uomo, ma io non mi faccio problemi se veramente mi piace.

F Ora come ora non c'è differenza, sarebbe giusto che sia l'uomo a farlo per primo.

M Non esiste una legge, dipende dalle situazioni e dal carattere, ad esempio io che sono timido aspetto sempre il passo della donna.

F Se c'è attrazione da entrambe le parti viene da sé!!!!!

M La donna!!! Almeno non si perde tempo.

F Sono per la reciprocità. A chi non piace essere corteggiato? Anche agli uomini. 😉

M Sarà anche il primo passo, ma è tre ore che cammino. 😄

M Se l'uomo fa il primo passo, la donna fa il secondo passo. Come nel BALLO, il resto viene da sé.

M C'è chi dice che i chilometri si fanno a piccoli passi. E con la volontà (in questo caso di entrambi) di proseguire nonostante le buche. ❤😉

F Diamine, la donna, cioè, la vera donna deve saper farsi corteggiare, non troieggiare, poi da cosa nasce cosa. Per carità, tutto il mondo è paese, comunque su ogni atteggiamento cretino maschile, davanti c'è sempre una donna che gli dà modo di farlo.

F Ecco, diciamola tutta: il mestiere più vecchio del mondo è quello che non morirà mai, perché? Ma perché ci sarà sempre qualcuno che lo richiede! 😄

F Mi fanno ridere quelle che timbrano gli uomini maiali quando fanno di tutto per averli. Ognuno ha ciò che semina.

F Così dovrebbe essere, ma ultimamente succede l'esatto contrario!

M Ecccerto, prima eravamo noi, adesso dovete farvi avanti
😁😁😁😁😁😁😁

F Per me potete rimane' al palo!
😁

F Scusate, ma per me "vera donna" non si può leggere, anche "vero uomo". Di cosa si parla? *Ken & Barbie*??

F Beh, se analizziamo ben bene la situazione e vogliamo essere precisi, è la donna che si fa avanti per prima mostrandosi "ornata" con e in innumerevoli modi per apparire al meglio. Pensateci, in linea di massima, ci depiliamo per cosa? Ci trucchiamo per cosa? Compriamo il tanga o perizoma per cosa? Amiamo i tacchi alti per cosa? Il parrucchiere, l'estetista... Perché?? Ma perché amiamo mostrarci gradevoli, belle e non davanti agli occhi del gatto, ma.... dell'uomo!! Il maschio, il quale forse ricambierà.

F Forse anche e soprattutto per noi stesse??

F Il mio primo pensiero quando esco non è di accaparrarmi un uomo, è di stare bene e divertirmi. Non ho bisogno di fare la statuina al fianco di un uomo, io sto bene lo stesso.

F Certo, gioco di sguardi, battute allusive, comunque è sempre la donna che decide.

E se non ci sono più gli uomini "di una volta"?

A me non viene naturale invitare un uomo. Io sono "all'antica", sono rimasta al corteggiamento tradizionale in cui la donna fa capire di essere interessata e l'uomo si comporta di conseguenza. Per questo motivo sono stata etichettata come arretrata.

Chi corteggia chi?

Quando la donna prende l'iniziativa, negli uomini può generare diffidenza e molti fuggono. Se l'uomo non corteggia più è perché sembrano non esserci più difficoltà per conquistare una donna, sembra essere diventato troppo facile, quasi noioso.

Ma noi donne non possiamo pretendere l'uomo deciso se all'interno del corteggiamento facciamo tutto noi. Si dovrebbe far capire l'interesse con uno sguardo, una battuta. La donna è diventata molto più libera e aggressiva e tanti uomini sono confusi per questo motivo.

Facile, troppo facile, quasi in saldo

Da uomo dico che una donna che conquisto troppo facilmente mi dà la sensazione che ci sia qualcosa che non va in lei, roba da "cestone delle offerte" al supermercato: tutto a un euro fino a esaurimento. Anche gli uomini, provando con tutte, elargiscono "amore" in maniera indiscriminata in modo da abbassare il prezzo.

La mantide religiosa

[màn-ti-de re-li-giò-sa] s.f. *soggetto femminile che si approccia al maschio con fare brillante e deciso, con l'obiettivo di essere ammirato e gratificato, per poi divorarlo ad accoppiamento concluso.*

La *mantide religiosa*, ossia la "mangiauomini", è una donna molto appariscente che, per nascondere delle fragilità, indossa una maschera, ma nell'intimità ha molta paura. Con il proseguire di una relazione, la maschera cadrebbe e sarebbe costretta a mostrare la sua anima, il suo vero sé. In un ambito di superficialità, il personaggio la protegge: si tratta della versione femminile del *baccagliatore seriale*.

Molte volte è una donna che concretizza poco, le piace soltanto essere notata, apprezzata e ammirata dagli uomini e trae gratificazione da questo. Lei appare come la donna in grado di scegliere chiunque, ma se viene scelta fugge. Per esempio, possiamo vedere donne in abiti succinti e con comportamenti provocanti che, all'avvicinarsi di un uomo con intenti espliciti, rispondono con stupore: "Come ti permetti? Che cosa hai capito?".

La mantide religiosa doc

La *mantide religiosa doc*, invece, è una donna capace di concretizzare a livello sessuale ma non di sostenere relazioni approfondite. Non vuole un confronto senza maschere, a causa del forte senso di inadeguatezza che la costringe a fuggire o sabotare tutte le relazioni.

È desiderosa di rivincite nei confronti del genere maschile: può avere alle spalle un matrimonio in cui l'ex-marito la confinava in una posizione di sudditanza, generando un sentimento di rabbia, o un modello educativo rigido, di fronte al quale lei stessa si è posta in una situazione di sottomissione. Una volta

ritrovata la "libertà", con la fine di una relazione, vuole riscattarsi.
La *mantide religiosa doc* sceglie con cura le sue vittime: uomini insicuri e tendenti alla sottomissione, che garantiscono incolumità alla maschera.

Donne, facciamo un passo indietro

Ho sentito dire a certi uomini: "Non vado a prostitute perché bisogna pagare, in questo gruppo te la danno gratis, basta una cena e qualche complimento". Ci sono donne disposte ad andare a letto anche con uomini sudaticci e che sputano mentre parlano, con i quali io non vorrei avere niente a che fare, per una cena e una serata pagata.

Punti di vista, ma vorrei fare un appello: donne, facciamo un passo indietro, la nostra dignità è importante! Non svendiamoci! Facciamo le donne! Siamo diventate troppo aggressive, fate capire che siete interessate, fatevi invitare ma non invitate in maniera esplicita e senza ritegno. Il fascino del resto si trova raramente. Incontro tanti uomini ai quali manca il "non so che".

L'uomo affascinante secondo me

Il fascino è soggettivo, ma la chimica gioca un notevole ruolo. Un uomo affascinante è uno che sa decidere, che affronta le cose con coraggio, indipendente, chiaro, che non cerca mamme, colf o badanti. Una persona può essere non bella fisicamente ma trasmettere fascino. Alcuni uomini, inizialmente, non ti colpiscono fisicamente, ma con il passare del tempo vai oltre e senti la bellezza che fluisce. Viceversa, ci sono persone che col tempo diventano meno belle di quello che appaiono, in virtù del loro comportamento.

Ma il fascino cos'è?

Il fascino è un'energia, è una buona capacità di ascolto e di comprensione di chi ci sta di fronte. È avere voglia di conoscere il mondo senza doverlo per forza raccontare a tutti. È sentirsi bene nel proprio corpo, con la propria storia, è non voler nascondere nulla di noi, anche quello che ci ha fatto stare male o che potrebbe non piacere. Accettare la nostra solitudine di fronte al mondo, senza dover per forza aggrapparsi ad altre persone, altri oggetti, altri viaggi.

Il fascino è qualcosa che si trova dentro di noi ma che non possiamo definire. È quella luce che parte dalla pancia e raggiunge il cervello e lo inonda di bei pensieri, si diventa consapevoli del corpo e ci si muove in maniera fluida. Si parla in maniera consapevole, si scandiscono le parole e si è attenti a ciò che l'altro dice. Si diventa curiosi delle persone, andando oltre il loro ruolo sociale, il lavoro che fanno, che siano dei gran dottori o persone che non hanno studiato, per volontà o per mancanza di denaro. Si osserva senza giudicare e si accolgono le idee degli altri, anche quelle meno compatibili con le nostre.

Il fascino è custodire un segreto che un'altra persona ci ha affidato, un sentimento che qualcuno ci ha confessato, un sorriso fatto col cuore senza secondi fini. In una fase iniziale di conoscenza si può confondere il fascino con la capacità di sedurre o di attirare l'attenzione degli altri, elementi che poi svaniscono via via che una conoscenza tra persone procede. Le maschere che molti usano per apparire migliori sono destinate a sgretolarsi. Questione di tempo. A quel punto, se non si possiede quest'energia, il fascino appunto, rimane poco e la relazione si affievolisce o termina.

Il fascino del presente

Sembra paradossale, ma rimanere nel presente, non pensare cioè né al passato né a quel che potrà succedere in futuro – cosa comunque non facile – è la vera base del fascino: in questo modo ci asteniamo dai giudizi, cogliamo delle sfumature dell'altro che altrimenti andrebbero perdute e ci godiamo la vita.

Per rimanere nel presente esistono molte tecniche, ma ciò non vuol dire di per sé essere affascinanti. È un'abitudine che si acquisisce e che ci permette di dire con molta certezza che, qualsiasi cosa succederà, saremo in grado di farcela.
Il fascino è la capacità di trasmettere il senso di sé, senza esprimerlo a parole.

Il coltivatore diretto

[col-ti-va-tò-re di-rèt-to] s.m. *soggetto previdente che si dedica alla coltivazione con semina continua per avere, anche in caso di imprevisto, un raccolto garantito.*

Di tutte le cose che sono successe nel gruppo "Single Toscana" ce n'è una bellina, riguarda un tizio divorziato che le "bollava" tutte, ossia se le portava a letto e via. Ciclicamente. Il bello è che se le teneva come amiche e nessuna si lamentava. Anche lui voleva evitare di sentire il vuoto, e lo riempiva con tante ragazze, l'una o l'altra aveva poca importanza.

Le chiamava amiche, ma non aveva nessun sentimento per loro, le usava e basta. Era come avere una riserva: frequentare più donne con l'idea di avere un rimpiazzo sempre pronto. Alla domanda se fosse mai stato un mese da solo non rispondeva.
I primi tempi faceva il brillante ma dopo un po' dovette comunque fare i conti con la realtà. Un giorno mi telefonò singhiozzando, e da quel momento è iniziata – a quanto mi ha detto – la sua rinascita.

Il *coltivatore diretto* pensa di essere furbo, in realtà soffre di un disagio molto diffuso: il bisogno di conferme, che è il sintomo di una totale sfiducia nelle proprie capacità. Del resto, dopo anni di matrimonio non è facile elaborare la paura del vuoto, ma questa va metabolizzata altrimenti ti arriva addosso tutta insieme. Bisogna chiudere con il passato e rimanere soli per un po', altrimenti parte la musica di *Beautiful*.

Gli ometti non piangono, gli uomini sì

Dico sempre agli uomini di lasciarsi andare, il cuore non è d'acciaio.
Gran parte degli uomini è stata educata secondo il solito modello culturale: non piangere, non mostrare fragilità.
Io faccio come il parroco: li ascolto, gli faccio dire qualche Ave Maria, sanno che tutto rimane tra noi e prima o poi si aggiusta. Sento dire che gli uomini sono tutti stronzi, ma non è vero. Parlate con gli uomini! C'è qualcuno che ha bisogno di mettere fuori l'anima, di mostrare il vero Sé.

Ogni fine è un nuovo inizio

In tutte le relazioni si alternano fasi positive e negative. Con il passare del tempo i protagonisti ne sono trasformati e può succedere che l'uno o l'altra rifiuti tali cambiamenti. In tal caso la relazione si chiude.

La rottura di una relazione è caratterizzata, per chi è stato lasciato, da iniziali momenti di shock e incredulità. Da principio si vive uno stato d'ansia e colpevolizzazione – "sicuramente è colpa mia!" – con domande del tipo "dove ho sbagliato?", "perché è finita?". Spesso si cerca l'ex partner per avere spiegazioni razionali che magari non ci sono. Questa fase dovrebbe durare qualche settimana.

Passato questo tempo, in chi è stato lasciato subentra la rabbia. La persona prova un senso di mancanza molto forte e si può assistere anche a un suo momentaneo ritiro dalla vita sociale.

In seguito a questo passaggio, si verifica un graduale ritorno alla quotidianità e l'esperienza conclusa viene, in un certo senso, archiviata, considerata come parte del passato e del "curriculum vitae". Si riaccende la fiducia nel futuro e l'entusiasmo finalmente ricompare.

Ma c'è chi resta imbottigliato

Qualcuno può rimanere imbottigliato nelle fasi precedenti e rifiutare il distacco dalla persona amata. In certi casi, può verificarsi una fase d'insistenza, continue telefonate o richieste d'incontro (*stalking*) alla persona che ha preso la decisione di allontanarsi, col desiderio di volerla rivedere, di ricomporre il puzzle, di ritrovarla in qualche modo. Nei casi più estremi può apparire persino il desiderio di ucciderla, non tanto per esorcizzare il dolore quanto per affermarne il possesso: "Se non ti posso più avere io, non sopporto che tu appartenga a un'altra persona". Questo rifiuto patologico del cambiamento, questo senso d'impossibilità a ricominciare da soli il viaggio chiamato vita, può sfociare in tragedia, e la cronaca ce ne offre purtroppo casi frequenti.

Quest'incapacità di accettare una decisione non voluta e andare avanti, nelle persone mature è solo momentanea. La maturità, come abbiamo già visto, non è strettamente legata all'età: siamo più maturi quando accettiamo ciò che siamo e quel che ci accade, sia che abbiamo vent'anni sia che ne abbiamo sessanta o più. Naturalmente è facile a dirsi, un po' meno a farsi. Tutte le situazioni alle quali ci opponiamo provocano dolore psicologico e impediscono la crescita. Molto spesso la razionalità può dare un senso logico a quello che succede, aiuta a "giustificare" o spiegare quello che è successo, ma ci sono cose che non possono essere spiegate, specialmente nelle relazioni nelle quali siamo coinvolti a livello profondo. Anzi, se ci ostiniamo a voler spiegare proprio tutto finiremo per soffrire molto di più.

La nostalgia del passato

La nostalgia del passato può impedire alle persone di aprirsi alle novità e alla straordinaria varietà della vita.
Chiaramente le cose conosciute ci fanno meno paura, proprio perché conosciute, e molte volte le persone si aggrappano al dolore solo per questo motivo.
Uno dei maggiori istinti umani, infatti, non è tanto quello di sopravvivenza quanto quello di aggrapparci alle cose, alle persone, alle situazioni familiari e sociali, anche se provocano dolore.

La resistenza al cambiamento è la fonte principale della sofferenza; è ovvio che non si possa accettare tutto di buon grado, ma il nostro impegno quotidiano per affrontare la vita è solo ed esclusivamente questo.

Questo stesso tipo di difficoltà può presentarsi anche in seguito a situazioni positive. Una promozione sul lavoro, per esempio, può essere vissuta con gioia e soddisfazione oppure come fonte di stress – "sarò capace di svolgere il compito che mi è stato affidato?" – tanto da desiderare quasi quasi di non averla ricevuta, che tutto resti com'è, per non rimettere in gioco una posizione lavorativa ormai "confortevole".

“Nulla mi è stato facile”

Sigmund Freud, padre della psicoanalisi, affermò: “Sono stato un uomo fortunato, nella vita niente mi è stato facile”.
E aveva ragione. Avete presente quando guidate un’auto che dà problemi e ogni tanto siete costretti ad aprire il vano motore per capire cosa sia successo? È scomodo e noioso sì, ma s’impara tanto sul funzionamento dell’automobile. Ecco, la vita è anche questo. Quando tutto fila liscio impariamo poco, pur stando bene, mentre nella difficoltà mettiamo in campo le nostre migliori doti creative per la soluzione dei problemi.

Be', non voglio certo dire che solo stando male possiamo apprendere cose utili sulla vita, ma la formula giusta è concentrarsi sulla soluzione anziché sul problema. Concentrandosi sul problema si fa la fine del criceto, che gira in tondo nella sua ruota per un tempo infinito, senza meta. Concentrandosi sulla soluzione, invece, la nostra creatività si orienta in una certa direzione e presto la soluzione si presenterà.

Se la tua ex è su Badoo ci sei anche tu

Per curiosità mi sono iscritta a Badoo, e nella prima settimana ho osservato gli uomini: è una realtà molto differente da quella delle donne. Dopo tre chattate partono gli inviti, i "ci vediamo… e pernottiamo lì". Dopo tre chattate?
E solo dopo aver visto una fotografia del volto, magari ritoccata?
Una volta, e non parliamo di chissà quanto tempo fa, c'era l'emozione di conoscersi pian piano: inizialmente il mio ex marito non mi piaceva ma alla fine ho ceduto perché era un combattente, non si è arreso. Ora si scambiano subito i numeri di telefono. Ci vorrebbe un minimo di conoscenza reciproca, e invece alcuni preferiscono diventare sostituti di bambole di gomma o vibratori.

Su Badoo ho trovato un quarantenne che vive da solo, nel senso che dorme da solo. Della sua casa e delle sue cose si occupa sua madre: facile così.
Io penso che un genitore dovrebbe dire a un figlio che voglia tornare a casa da un'esperienza sentimentale o matrimoniale finita "vai, ce la farai da solo": in questo modo gli trasmetterebbe stima e fiducia, la mamma chioccia non funziona e non fa bene a nessuno.

Tanta solitudine dei separati è spesso dovuta alla propria madre, che vuole riprendersi il figlio o la figlia per riempire di nuovo il nido vuoto.

Ruoli, modelli, cooperazione

Molte volte, il matrimonio vuol dire passare dalla mamma alla moglie per lui, dal papà al marito per lei. Molte persone provengono da famiglie in cui la mamma si occupava di tutti i lavori domestici e il compito del papà era solo quello di portare i soldi a casa. I figli, a loro volta, hanno costruito le loro relazioni future proprio su questo modello, quasi loro malgrado.

Generalmente gli uomini si accomodano nel loro ruolo predefinito, le donne meno. Il motivo è semplice, la comodità: in questo modo gli uomini possono avere più tempo libero e sgravarsi da molte incombenze quotidiane. Le donne invece sono spesso insofferenti al proprio ruolo predefinito, vissuto come limitante del bisogno di autorealizzazione insito in ogni essere umano.

Tutti, uomini e donne, hanno bisogno di esprimere al meglio le proprie capacità ed esserne gratificati. Se questo non succede si va incontro a un qualche disagio di tipo psicologico. Le donne hanno conquistato, giustamente, sempre più spazio nel mondo del lavoro e il tempo a disposizione per le faccende domestiche e la cura dei familiari è diminuito drasticamente, ma anche loro hanno bisogno di tempo libero, svago, nuovi interessi.

La necessità della donna è di avere accanto una persona con cui cooperare e gestire le attività familiari. Naturalmente non si misura tutto con la bilancia di precisione, ma a lei basta sentire una presenza che fornisca conforto, ascolto, anche e soprattutto collaborazione pratica.

E non dimentichiamo la fisiologia

A livello biologico il cervello dell'uomo è strutturato in maniera relativamente più semplice di quello della donna.
Questo è un retaggio dei nostri antenati preistorici, uomini che si occupavano esclusivamente di procacciare il cibo, donne impegnate a tempo pieno nella cura della prole e del gruppo familiare. L'evoluzione dei rispettivi organismi è stata in qualche modo plasmata e influenzata dai differenti compiti e

attività, che richiedono abilità molto diverse tra loro.

Queste peculiarità biologiche e i ruoli connessi, come sappiamo, sussistono ancora oggi, ma bisogna tener conto che la realtà presente è decisamente più complessa che qualche migliaio di anni fa.

All'interno della coppia, questa differenza può generare profonde incomprensioni: le donne non si spiegano la "semplicità" maschile, improntata a una diminuzione delle esigenze e quindi al risparmio energetico, gli uomini non si spiegano la "complessità" femminile, "naturalmente" multitasking, improntata alla massima efficienza e quindi a un maggiore dispendio energetico: entrambi tendono a vedere questa peculiarità dell'altro come "un difetto", come qualcosa che gli/le manca. È vero, gli/le manca ma strutturalmente, di questo dobbiamo prendere coscienza, non è questione di buona o cattiva volontà.

Uomini e donne troppo spesso pensano di essere "uguali", e cioè strutturati alla stessa maniera, ma come stiamo dicendo non è affatto così. Perché a lei non basta ciò che a lui è sufficiente? Perché lui non capisce quel che per lei è lampante?

Per fortuna le rispettive strutture neurologiche, benché tanto diverse, sono complementari, altrimenti la nostra specie si sarebbe già estinta.

Complementarietà, una necessità

Se uomo e donna avessero la stessa struttura neurologica, l’umanità correrebbe rischi molto seri.

Una donna, per esempio, prende una decisione dopo aver valutato condizioni particolari e contesto generale, ed è quindi soggetta a decisioni più lente perché più meditate: se l'uomo fosse altrettanto lento, ne verrebbero fuori dei problemi, dei rallentamenti, degli intoppi potenzialmente dannosi o pericolosi.
Lo stesso nel caso reciproco: gli uomini prendono decisioni più rapide perché legate alla contingenza, al momento, all'occasione, e se anche la donna fosse altrettanto veloce rischierebbe di prendere decisioni precipitose e affrettate, che potrebbero mettere a rischio la sicurezza stessa delle persone a lei affidate.

Molti matrimoni finiscono perché, generalmente, uno dei due non esce dal ruolo di figlio/a – e cioè di persona curata, accudita, al centro dell'attenzione – mettendo in secondo piano l'altro/a. Lo schema "donna a casa-uomo che porta lo stipendio" è un altro potenziale detonatore di un matrimonio o di una convivenza, così come la rivalità suocera-nuora o suocero-genero. Del resto, non casualmente dopo una separazione si torna da mamma e papà, perché spesso anche mamma o papà hanno avuto un ruolo nella fine della storia.

Di qui la necessità per una coppia "in salute" di sviluppare al massimo la complementarietà delle proprie abilità e delle proprie attitudini, in un clima di autonomia, reciproca comprensione e mutuo interesse, tenendo nel debito conto tutte le differenze dell'altro, a cominciare proprio da quelle biologiche.

Trucchi e copioni

Su Badoo ho scelto di interpretare la parte della cacciatrice. Mi sono imbattuta in un uomo che aveva chiuso una relazione importante da qualche settimana e ho sperimentato che, in queste situazioni, basta davvero poco per conquistare. Una recente separazione è un terreno fertilissimo per ottenere quello che vuoi, ma il successo è dovuto principalmente alla fragilità dell'interlocutore. Dopo qualche conversazione in chat sono sparita, lui ha continuato a cercarmi. Ho smesso perché il gioco non diventasse crudele.

Ci sono poi i soliti marpioni che partono col solito copione, che non sopportano più la moglie e cercano di evadere. Se davvero non vai d'accordo con tua moglie, lasciala. Anche qui ho trovato la cosiddetta *pesca a strascico*: tanti usano i social perché si fa presto a concludere. A volte la donna s'innamora e ci rimane fregata, mentre per lui era una cosa senza impegno. Capita spesso così: col mio ex doveva essere un divertimento, invece è durata tre anni e mezzo. È bello conoscere una persona, esserne curiosi e viverla giorno per giorno senza garanzie, perché nessuno ne ha.

Il pescatore a strascico

[pes-ca-tò-re a strà-sci-co] s.m.
soggetto che tenta un approccio affidandosi alla legge dei grandi numeri.

All'interno del gruppo di cui ho esperienza ci sono i "fantasmi", quelle persone cioè che non commentano mai, che appaiono poco o niente nelle conversazioni collettive ma in chat sfoderano il meglio di sé. Li chiamo *pescatori a strascico*. Simbolicamente gettano la loro rete e, tirandola su, sanno che per la legge dei grandi numeri qualcosa/qualcuno ci rimarrà impigliato. Si differenzia dal *baccagliatore seriale* perché non ha nessuna intenzione di perdere troppo tempo. Vuole tutto e subito.

La guerriera

Diceva Virginia Woolf: "Quando siamo troppo allegri in realtà siamo infelici. Quando parliamo troppo siamo a disagio. Quando urliamo abbiamo paura. La realtà non è quasi mai come appare".
Ne feci un post e ne venne fuori una polemica incredibile: molti non capiscono che la realtà è solo una rappresentazione mentale, filtrata dagli organi di senso e dalle nostre esperienze emotive. La realtà perfettamente uguale per tutti non esiste: per ciascuno di noi è una cosa molto complessa, che la nostra mente tende a categorizzare per rendere più semplici le cose. Se rimaniamo legati alla convinzione che la realtà sia uguale per tutti, entriamo presto nel pregiudizio.

E poi c'è l'invidia

Sappiamo perfettamente che anche chi ha i soldi ha le sue difficoltà, sfatiamo dunque il mito che gli unici veri problemi siano quelli economici. Ma i soldi generano invidia. L'invidia è un sentimento molto comune: tanti non vedono il sacrificio e l'impegno di una persona di successo, di fronte alle sue possibilità rosicano e basta. Ma anche se nella mia condizione economica non posso fare viaggi, non posso fare shopping, non posso permettermi certi sfizi o comodità, posso star bene ugualmente, essere in pace con me stessa. L'invidia fa male: se non riesci a gioire del successo degli altri tu non ne avrai mai. E capita sovente che alcuni siano invidiosi anche se un/a loro conoscente inizia una nuova relazione.

La felicità è contagiosa. Non curatevi

Quando siamo catapultati dalla vita in situazioni di "lutto" ne usciamo provati ma più forti. Se s'imbocca la strada della rassegnazione bisogna uscirne a pedate, per non arrivare alla depressione. È importantissimo osare. Chiudersi nel dolore dopo la fine di una storia serve solo ad alimentarlo. Tingetevi i capelli, andate in palestra, dall'estetista, ma fate qualcosa! Da amica non vi dirò mai "poverina", perché così non sono di aiuto. Le persone che mi hanno ascoltata sono migliorate perché l'energia positiva è contagiosa. Cerco sempre di trasmettere allegria nonostante anch'io abbia le mie fragilità. La separazione mi ha insegnato a stare in questa giungla, il matrimonio era un ambiente protetto, una "comfort zone", ma qui fuori è tutto diverso.

Il potere della condivisione

Un gruppo serve anche per superare insieme il momento difficile di una separazione. Se sei giù e accanto a te ci sono persone allegre e positive, dopo un po' le cose cambiano in meglio.

Una volta, in una delle serate del mio gruppo, eravamo sessanta e fecero da mangiare per quaranta. Poteva sembrare un grosso problema, ma dopo qualche brontolio iniziale e aver ballato un po', ci spostammo in un altro locale e passammo una bella serata. La prendemmo a ridere, insomma. "L'umanità è lo spettacolo più bello del mondo e non si paga il biglietto", sosteneva Bukowsky e se ti metti a osservare vedi delle cose bellissime. La pista da ballo e i tavoli dove le persone conversano, leggendo il labiale, diventa davvero uno spettacolo.

L'amore (non) è una cosa seria

Un giorno su Facebook un mio contatto ha scritto: "Voi single avete meno problemi". Ho risposto che abbiamo uno stipendio in meno e nei momenti belli o brutti non si può condividere niente. L'intuito mi ha suggerito che quella persona fosse infelicemente sposata.

Un mio amico voleva lasciare la moglie, che conosco bene. Gli consigliai: "Vai a trombare un po' in giro e ti renderai conto che un'altra come lei non la trovi. Ma non fare cazzate, altrimenti una volta che l'ormone si sarà calmato te ne pentirai". Dopo vent'anni di matrimonio sarei io la prima a dirti di cambiare minestra, amico mio, se non fosse che il mondo dorato che spesso ci pare di vedere fuori dalle nostre relazioni non esiste. Quel che sentiva lui era noia, ma la noia sta a noi farcela passare, e a cinquant'anni non mi sembra proprio il caso di buttare all'aria una vita insieme per un'illusione di giovinezza.

Se non ci potrà più essere l'amore giovanile, pieno di ardore, ci sarà una sorta di mare calmo, dove si può condividere interamente e serenamente la nostra storia e i nostri stati d'animo con l'altra persona; condividere passioni e obiettivi comuni, all'interno di una cornice di rispetto. In fondo è questo l'amore profondo.

Ci sono poi quelli senza un domani, che consumano sesso in maniera compulsiva e superficiale e non si curano di costruire relazioni che li arricchiscano: ma se prima dei trent'anni stare soli e fare tanta esperienza è formativo, se si va troppo avanti si rischia di non riuscire più a costruire, a riaccompagnarsi a qualcuno in modo serio, si continua a fare gli adolescenti.

Il sesso da solo non basta

Il sesso da solo non basta, passa il tempo e bisogna investire sulla fiducia in noi stessi e nell'altra persona. Bisogna osare e farne tesoro: serve a capire chi siamo e cosa vogliamo. Le esperienze di solo sesso non lasciano nulla, ma vanno fatte, proprio per capire che c'è dell'altro.

Alla luce della mia personale esperienza matrimoniale, oggi direi "meglio un paio di corna" ma rimanere insieme, sempre che ci sia ancora amore. È la noia che ci fa prendere delle decisioni errate, e quando ho scelto di separarmi ero annoiata: da giovane idealista quale ero, dicevo "non lo amo più, quindi meglio lasciarlo".

La fatidica differenza tra innamoramento e amore

Quando iniziamo una relazione, l'entusiasmo ci prende la mano e tendiamo a idealizzare la persona che stiamo conoscendo. Solo il vederla ci fa battere il cuore, pensiamo di aver trovato finalmente chi per magia risolverà tutti i nostri problemi e ci renderà felici. Ogni pensiero è rivolto a quella persona e si può arrivare, almeno nei primi mesi, a modificare anche in maniera rilevante la propria vita. Alla base di questo processo c'è appunto l'idealizzazione: tendiamo a ingigantire i pregi dell'altro e ne sottostimiamo i limiti. Proviamo delle emozioni tanto intense che tutte le nostre difficoltà sembrano sciogliersi come neve al sole. Questa fase dura in genere da quattro a sei mesi.

Alla base c'è una speranza che abbiamo abbandonato quando eravamo bambini, quella cioè di essere amati in maniera incondizionata. Nelle prime settimane di una nuova relazione, dunque, trasferiamo questo e molti dei nostri desideri insoddisfatti sull'altra persona. Ma tutto è destinato a scontrarsi presto con la realtà. Finito l'innamoramento, la relazione entra in nuova fase ed è sottoposta a una sorta di "collaudo", nel quale i limiti di entrambi prendono forma, ed è da quel momento in poi che inizia "realmente" un rapporto.

Quando i sentimenti cambiano

L'innamoramento può diventare amore: non si avranno più le famose farfalle nello stomaco ma apparirà un sentimento più profondo, fatto di conoscenza, obiettivi condivisi, aiuto reciproco e fine dell'idealizzazione: finalmente vediamo l'altro per quel che è realmente, lo amiamo per quel che è.

A quel punto la relazione potrà durare anche tutta la vita, se i due sapranno affrontarne i continui scossoni e cambiamenti in un clima di complicità, condivisione, sinergia, e ogni periodo porterà un arricchimento per entrambi. Purtroppo, tutti cresciamo con la convinzione errata del "e vissero felici e contenti": in realtà le relazioni sane sono quelle che vanno a toccare quelle corde che nascondiamo volentieri anche a noi stessi. Una relazione solida è un percorso all'interno del quale entrambe le parti si completano; le ansie, le paure, le difficoltà si affrontano insieme e tutto diventa un po' più facile.

Probabilmente vi domanderete: "Allora una relazione d'amore significa avere solo problemi da risolvere?". La risposta è no. I periodi belli e meno belli si alternano, ma la funzione principale è quella di portare alla luce la nostra parte nascosta, i nostri desideri, il nostro passato, magari spiacevole, e alleggerirsi, smontando quelle abitudini e quegli schemi mentali che avevamo costruito per non provare più dolore.

Alla base di un rapporto durevole deve esserci la curiosità di conoscere l'altra persona e non la volontà di aggrapparsi a lei per far sì che la nostra vita sia più facile. Relazione equilibrata = "La mia vita è bella, ma con te di più".

Si stava meglio quando si stava peggio?

La gente esce di casa ma non si diverte più: gli proponi *vocalist*, ballerine, *live band* ma nulla. Perché non si divertono? Qualche decennio fa le priorità erano diverse, nel senso che mangiare al ristorante o in pizzeria era un evento raro, una festa, non un'abitudine. Le cene erano spesso organizzate in casa, come anche i ricevimenti di matrimonio, cresima e comunione. Ora tutti escono in qualsiasi momento: apericena, karaoke, *blind date*, le hanno provate tutte e si annoiano. Non c'è più niente da inventare, gli è stato dato tutto e sono comunque stanchi. Organizzando le "Cene Semplicità" volevo dimostrare che è sufficiente stare insieme, chiacchierare, giocare a carte, non occorre rincoglionirsi con l'attrazione a tutti i costi. È bella la condivisione, ognuno porta il suo e qualcosa in più per gli altri.

La perdita della semplicità

Mi chiedo: trent'anni fa quanti depressi c'erano? Secondo me molto meno che oggi. Mi viene in mente mia nonna che diceva: "Correte correte, prendete tutto, però siete sempre incazzati". Mia nonna,

come tante donne di quel tempo, era la classica donnina di casa che lavorava nei campi e la domenica ballava nell'aia.
Che bello! C'era il gusto di stare insieme nonostante la fatica. Un bicchiere di vino, la fisarmonica e ci si godeva la compagnia anche dopo una giornata faticosa. I vestiti nuovi, a quei tempi, s'indossavano a Natale, a Pasqua e la domenica a messa.

Maledetta noia

I bambini di oggi sono pieni di giochi: i genitori comprano giochi costosissimi e loro, dopo qualche settimana, li abbandonano annoiati. Manca il senso di conquista. In questo modo si abituano ad avere tutto e subito e non imparano ad accettare il no.
Nessuno vuole più soffrire. Sarebbe bello camminare su una strada piana con lo sguardo fisso all'orizzonte, invece la vita è come le montagne russe: c'è la fatica della salita, il brivido della discesa, la pace di certi momenti. Tanti ripetono "nella mia vita va tutto male", ma se ci soffermiamo solo su quello non vediamo le cose belle, e per una storia finita ci perdiamo il nuovo e la meraviglia della vita. Siamo abituati all'idea che non

dobbiamo avere problemi, non dobbiamo piangere, non dobbiamo soffrire.
E invece sono le difficoltà che ci fanno crescere per arrivare a una vita serena.

L'algoritmo della felicità

A livello di emozioni, molti passano dalla mamma o dal papà alla moglie o al marito, saltando il periodo di solitudine che serve per testare la propria capacità di dominare l'ambiente. È solo un periodo, ma è necessario. Si diventa grandi quando non c'è nessun bisogno di sostegno emotivo, psicologico ed economico. Dopo questo spazio di tempo ci avviciniamo alle persone per curiosità e attrazione, non per bisogno, e la vita si completa.

È fondamentale avere rispetto per le passioni e la natura altrui senza alcuna limitazione; l'algoritmo della felicità sembra essere questo. Per me nelle relazioni funziona la via di mezzo, non bisogna dare tutto o niente. Se non vuoi imparare niente la vita è molto lunga e noiosa. Accettare di buon grado tutte le cose nuove che ci arrivano è una grande occasione di crescita.

Solitudine o indipendenza?

Mia figlia non è viziata, si fa il letto da quando aveva otto anni, collabora alla gestione familiare in tutto e per tutto; qualche volta si lamenta e dice che le mamme delle sue amiche non le coinvolgono nelle faccende domestiche. Il mio scopo è renderla autonoma, cioè capace di vivere anche senza di me.

Oggi ci troviamo di fronte a tanti "bimbiminkia", termine adattissimo, che per i loro genitori non devono faticare, non si devono sciupare, i desideri sono immediatamente soddisfatti, manca la tolleranza alla frustrazione e la pazienza per raggiungere l'obiettivo. In questo modo la fantasia viene a mancare, o non serve: hanno già tutto.

Chi ha tutto e subito si annoia e va oltre. È così che si generano le dipendenze da alcool, gioco d'azzardo, prostituzione, droghe. Invece dovremmo cercare la bellezza dello stare al mondo, vivere per un obiettivo, sentire che da soli ce la facciamo sempre e comunque, e apprezzare il gusto della sfida. Se conquisti il tuo obiettivo un pezzettino alla volta, te lo sudi e vivi soddisfatto.

Serenità, stato mentale

La serenità è uno stato mentale che prescinde dalla situazione che stiamo vivendo: si può essere interiormente sereni anche se si attraversa un brutto periodo, o un momento difficile. Molti invece confondono la serenità con l'abitudine, con il potere rassicurante della routine, di una vita che viaggia su un unico binario senza curve, né buche, né ostacoli.

L'uso spropositato di farmaci, droghe, alcool, il ricorso compulsivo al gioco, al sesso, sono spesso riempitivi della noia, dell'insoddisfazione, specie per chi ha ottenuto senza merito una certa sicurezza economica e quindi riesce con maggior facilità ad affrontare la vita e a realizzare certi desideri, utili o futili che siano. Ma la mancanza di lotta e di sfide genera meccanismi di dipendenza per indirizzare l'energia in eccesso che tutti abbiamo dentro.

Un bilancio del gruppo dopo quasi quattro anni

Quando siamo partiti col gruppo "Single Toscana" c'era voglia di conoscersi, divertirsi, socializzare.

Dopo quattro anni il bilancio, devo dire, non è del tutto positivo: non c'è più voglia di compagnia, prevale la voglia di sesso, per riempire vuoti emotivi e affettivi.

Ma lo spirito del gruppo era ed è fare nuove conoscenze per ributtarsi nella vita, vivere nuove esperienze, in un clima di apertura e disponibilità all'altro, senza finalità preordinate. Le nuove conoscenze possono prima di tutto diventare buone amicizie: il gruppo ha quindi una funzione sociale.

Per fortuna all'interno del gruppo son successe anche cose belle. Due persone si sono sposate, a una coppia è nata una bambina, c'è chi è andato a vivere insieme, e questa per me è tutta speranza. È tutta gente che si è incontrata qui, non in un night club.

Dopo una separazione, secondo me, si dovrebbe stare un mese chiusi in casa, piangere e toccare il fondo per poi rinascere. Si tratta di abituarsi alla solitudine: c'è invece chi esce tutte le sere perché ha l'ansia di perdere tempo o non vuole affrontare il vuoto.

Il gruppo per guarire la solitudine, un'arma a doppio taglio

Il gruppo è nato per aiutare i single a sentirsi meno soli, per fare nuove amicizie e, perché no, incontrare una persona con cui iniziare una relazione sentimentale, ma abbiamo visto che per tanti single le motivazioni a farne parte sono altre. Alla base c'è sempre la paura della solitudine, ma è un'arma a doppio taglio. Per qualcuno il gruppo significa *mal comune, mezzo gaudio*: "Qui siamo tutti single e fondamentalmente questa condizione ci piace. Farebbe paura se qualcuno si avvicinasse troppo. Poi, se c'è da dare sfogo alla parte fisica, ben venga, finché nessuno/a ci mette in discussione. L'importante è che io sia in compagnia". Tutto è orientato a prendere qualcosa dagli altri.

Ho cominciato a organizzare dei "Single Caffè" infrasettimanali e "Cene Semplicità" il sabato sera con cadenza mensile, senza intrattenimento. Oggi si presenta la metà delle persone che venivano di solito alle nostre serate, ma tutte hanno voglia di parlare e ascoltare, anche fino a notte tarda. Devi avere qualcosa da dire, sennò ti tagli le vene. Ma sono proprio queste le serate che costruiscono qualcosa d'importante.

Relazione = comunicazione

Per costruire una relazione, che sia d'amicizia o d'amore, bisogna prima dare, bisogna prima ascoltare.
Per avere una buona relazione è importante essere capace di generare stati d'animo positivi nei tuoi interlocutori. Per fare questo bisogna imparare a conoscere prima di tutto i propri stati d'animo e comprendere che questi sono dinamici: nell'arco di una giornata si alternano ritmicamente, a seconda delle situazioni.

Attraverso il dialogo con te stesso riuscirai in maniera efficace a generare degli stati d'animo che poi sarai in grado di trasmettere, quindi la regola principale è quella di "sentire", tu per primo, quel che vuoi trasmettere.
Partendo dal presupposto che è impossibile non comunicare, le regole più importanti sono: comprensione e ascolto dell'altro, evitare l'aggressività, anche verbale, e offrire una comunicazione divertente e piacevole a chi ascolta.
La componente non-verbale è importantissima: il corpo comunica molto più delle parole e soprattutto non mente, dice sempre quali sono le vere emozioni. Le persone sono quello che fanno e non quello che dicono.

Le tre possibilità di una relazione

All'interno di una relazione, ci troviamo di fronte a tre possibilità.

Accontentarsi di un rapporto non soddisfacente per non rimanere soli.
Rinunciare a quanto ci fa star bene, ovvero impoverire la qualità della vita.
Relazionarsi in maniera positiva, se possibile, con tutti.

Fuori di te c'è soltanto il "film" delle tue convinzioni e delle tue aspettative. Ti sei trovato, in passato, di fronte a situazioni sempre uguali: cambiavano i personaggi ma la storia procedeva allo stesso modo delle precedenti. Tu eri la parte attiva del processo, anche se in maniera del tutto inconsapevole, avevi la pretesa che il mondo e quindi l'altro dovesse adattarsi ai tuoi desideri.

Relazionarsi in maniera positiva vuol dire accettare la realtà e le persone che entrano nella propria vita senza sottolinearne-giudicarne-rifiutarne i difetti, o quegli aspetti della personalità che ci piacciono meno o non ci trovano d'accordo. Il modo in cui giudichi gli altri è esattamente il modo in cui giudichi te stesso; dunque, se non sei troppo rigido con le persone che fanno parte della tua

vita, scoprirai un modo di vivere più piacevole e gratificante.
Provare per credere.

Ringraziamenti

Ringrazio Pier Luigi per questa grande e unica opportunità, Antonella Antonelli per avermi aiutata a scrivere questo libro, gli amici fedeli di Single Toscana per il sostegno e l'aiuto ricevuto in questi anni e, infine, Selene Fontana, mia figlia, una piccola collaboratrice e sostenitrice di questo mio percorso nel mondo dei single. Francesca Sempre

I miei ringraziamenti vanno a Francesca per la sua determinazione e a Susanne Ratschiller per la revisione dei testi e il supporto creativo. Pier Luigi Avolio

Sommario

Chi siamo e perché siamo qui 5
Io e gli altri 7
Quale socialità 7
Fuochi improvvisi, fuochi di paglia 9
Costruire un'amicizia sana 9
Lo psicologo, figura "inquietante" 11
A proposito di Napoleone 12
Il baccagliatore seriale 13
La comunicazione copia/incolla 15
La sequenza 15
Secondo voi, cosa significa il termine "zoccola"? 17
La zoccola e il dongiovanni 25
Sesso fast food? 26
Due rette parallele s'incontrano solo all'infinito 27
Vedere, sentire: è qui la differenza 29
Vecchi e nuovi ruoli 30
Il profilo di Dorian Gray 31
No limits 32
Il toy-boy 33
L'abito e il monaco 36
Secondo voi, le donne sopra i cinquanta possono uscire in minigonna e tacco 15? 38
Dietro liceo, davanti museo 41
E dopo i cinquanta? 41
Superare la Cima Coppi senza doping ovvero i cinquant'anni in scioltezza 42
Il futuro non torna 43

Coerenza incoerente 44
Si giudica per semplificare 45
A far bene ai ciuchi si buscan calci 45
Solitudine versus singletudine 46
Specchio, specchio delle mie brame chi ha più *like* in tutto il reame? 48
Leoni da tastiera 49
Persona versus personaggio 50
Secondo voi, il primo passo deve farlo l'uomo o la donna? 53
E se non ci sono più gli uomini "di una volta"? 58
Chi corteggia chi? 58
Facile, troppo facile, quasi in saldo 59
La mantide religiosa 59
La mantide religiosa doc 60
Donne, facciamo un passo indietro 61
L'uomo affascinante secondo me 62
Ma il fascino cos'è? 62
Il fascino del presente 64
Il coltivatore diretto 64
Gli ometti non piangono, gli uomini sì 66
Ogni fine è un nuovo inizio 66
Ma c'è chi resta imbottigliato 67
La nostalgia del passato 69
"Nulla mi è stato facile" 70
Se la tua ex è su Badoo ci sei anche tu 71
Ruoli, modelli, cooperazione 72
E non dimentichiamo la fisiologia 73
Complementarietà, una necessità 75

Trucchi e copioni 76
Il pescatore a strascico 77
La guerriera 78
E poi c'è l'invidia 79
La felicità è contagiosa. Non curatevi 79
Il potere della condivisione 80
L'amore (non) è una cosa seria 81
Il sesso da solo non basta 82
La fatidica differenza tra innamoramento e amore 83
Quando i sentimenti cambiano 84
Si stava meglio quando si stava peggio? 86
La perdita della semplicità 86
Maledetta noia 87
L'algoritmo della felicità 88
Solitudine o indipendenza? 89
Serenità, stato mentale 90
Un bilancio del gruppo dopo quasi quattro anni 90
Il gruppo per guarire la solitudine, un'arma a doppio taglio 92
Relazione = comunicazione 93
Le tre possibilità di una relazione 94
Ringraziamenti 96

www.zonacontemporanea.it
redazione@zonacontemporanea.it
info@editricezona.it

Made in United States
Troutdale, OR
11/03/2026

56845262R00056